Krenfleisch
750 g Schweinebrust
1 Stück Kren
8 Pfefferkörner
Salz

Lesezug – 4. Klasse

Liebe Mütter, liebe Väter, liebe Omas, liebe Opas, liebe Tanten, liebe Onkel, liebe Lehrerinnen und Lehrer!

Je älter unsere Kinder werden, desto stärker orientiert sich ihr Leseverhalten an persönlichen Interessen. Sie werden Themen und Texten gegenüber kritischer. Sie wollen sich mit den Texten auseinandersetzen und sich mit den Protagonisten identifizieren können. Es beginnt sich der persönliche Lesegeschmack zu bilden.

Die Bücher der vierten Lesezugstufe bieten thematisch eine besonders große Bandbreite. Von lustigen Alltagsgeschichten über Krimis bis hin zu kritischen Problemgeschichten findet man alles.
Die Geschichten werden von tollen Illustrationen unterstützt, die trotzdem der Fantasie unserer Leserinnen und Leser ihren Raum lassen.

Viel Freude beim Eintauchen in die unterschiedlichsten Lesewelten!

Dipl. Päd. Andrea Rieger, MA
Lesepädagogisches Lektorat

Christoph Mauz

Und Paul mag Cilli doch!

Mit Illustrationen von
Mary-Ann Cawthorne

Der G&G-Lesezug™

Von Christoph Mauz unter anderem im G&G Verlag erschienen:
„Und Paul, der wird Pirat", Lesezug 2. Klasse; ISBN: 978-3-7074-0358-9

Begleitmaterial zu diesem Buch finden Sie unter www.kinderbuchverlag.at zum Gratis-Download!

www.kinderbuchverlag.at

ISBN 978-3-7074-0389-3

In der neuen Rechtschreibung 2006

1. Auflage 2008

Illustration: Mary-Ann Cawthorne
Printed in Europe

Inhalt

Für alle, die Paul noch nicht kennen ...

Für alle Leserinnen und Leser, die den Paul immer noch nicht kennen, soll er an dieser Stelle noch einmal kurz vorgestellt werden: Der Paul ist gerade zehn Jahre alt geworden und geht in die vierte Klasse. Voriges Jahr, da war der Paul noch ein bisschen kleiner als heute. Das hat man auch daran gemerkt, was für Berufe er ergreifen wollte, wenn er einmal ganz groß sein würde. Mit neun Jahren war der Paul eben noch nicht so richtig groß. Aber mit zehn Jahren, da ist man schon fast ganz groß, fast ein junger Mann. Da will man nicht mehr Löwenbändiger, Fußballer oder – stellt euch nur vor – Pirat werden. Pirat zu werden, das war voriges Jahr noch Pauls Wunschtraum. Aber wenn man solche Berufe ergreifen will, ist man eben noch nicht so richtig groß.

Jedoch als fast junger Mann, da will man etwas

Ordentliches werden, etwas Vernünftiges. Und genau deswegen will der Paul seit ein paar Wochen Astronaut werden, am besten einer, der die Strecke von der Erde zum Mond und wieder retour regelmäßig befliegt, vielleicht als Kapitän von einem Post-Raumschiff oder so. Das wäre etwas! Als Astronaut wäre man viel im Weltraum unterwegs, würde viele Sterne sehen und meistens schwerelos herumschweben.

Piratenbücher und Piratenfilme sieht sich der Paul aber immer noch gerne an. Und Pirat könnte der Paul ja am Wochenende sein, oder wenn er frei hat und sich ausruht vom Astronautenberuf. Aber nur am Mühlwasser, weil das keine so hohen Wellen macht wie der Pazifik. Der Paul wird nämlich sehr leicht

seekrank, und alleine deswegen kann er nicht hauptberuflich Pirat werden. Das hat der Paul voriges Jahr noch nicht gewusst, aber im Urlaub war er zum ersten Mal am Meer und ist auf einem Schiff gefahren, da ist ihm fürchterlich schlecht geworden … Aber das ist eine andere Geschichte und gehört nicht hierher.

Die Cilli

Gut, dass die Schule wieder losgeht! Ferien sind zwar super, aber mit der Zeit ist die Faulenzerei doch langweilig.

Heute war der erste Schultag, und der Paul hat sich richtig gefreut. Auf seine Freunde und auf die Frau Lehrerin Gabi. Aufs Lernen sogar auch ein bisschen. Weil der Paul doch nun Astronaut werden will und Astronauten in der Schule schon hoch hinaus sollen. So hat der Paul beschlossen, sich dieses Jahr ein bisserl mehr zu bemühen. Astronauten müssen im Rechnen sicher bessere Noten haben als Piraten und müssen außerdem braver sein. Bravsein fällt dem Paul meistens leider noch schwerer als Rechnen.

Munter ist der Paul in die Schule gestapft. Unterwegs hat er den Petzker Marcel und die Fleischanderl Jasmin getroffen. Die wohnen um die Ecke und haben den gleichen Schulweg. In der Klasse waren alle sehr aufgeregt. Sie haben von den Ferien erzählt und sich gegenseitig die neuen Schulsachen gezeigt. Marcels neues Spiderman-Turnsackerl hat viel Aufsehen erregt. Und von Jasmins Tokio-Hotel-Schultasche waren die Mädchen begeistert. Aber als der Paul sein Federpennal ausgepackt hat, auf dem der Ronaldinho beim Gaberln zu sehen ist, waren sich alle einig: Das ist noch viel besser!

Endlich hat es geläutet, die Frau Lehrerin Gabi ist hereingekommen und hat sich beim Lehrerpult aufgestellt. Sie hat die Klasse freundlich begrüßt. Neben ihr ist ein fremdes Mädchen gestanden, das aufmerksam in die Runde geschaut hat. So, als wollte es herausfinden, wer von den Kindern okay ist und wer blöd. Die Frau Lehrerin Gabi hat gesagt, dass das Mädchen eine neue Schülerin ist und Cilli heißt. Der Paul hat gar nicht mehr wegschauen können. Als die Cilli an ihren neuen

Platz ging, in der vorletzten Reihe, neben der Sophie, da hat sich der Paul sogar umgedreht. Das war ihm auch gleich peinlich, und er hat sich schnell wieder nach vorne gedreht und sich sehr über sich selbst gewundert. Weil er doch sonst überhaupt gar nicht auf Mädchen schaut. Aber die Cilli, die war irgendwie anders. Diese Haare, feuerrot! Diese Augen, dunkelbraun! Und diese Sommersprossen, gut verteilt! Rund um die Nase, ein-

fach prächtig! Da hat sich der Paul gedacht: „Diese Cilli, die ist ein süßer Schneck! Die würde ich gerne näher kennen lernen!"

Weil der erste Schultag nur eine Stunde dauert und der Paul von Oma und Opa Eisgeld bekommen hatte, hat er beschlossen, die Cilli auf ein Eis einzuladen. Doch je näher das Ende der Stunde gerückt ist, desto mehr hat den Paul der Mut verlassen. Er hat gar nicht gehört, was die Frau Lehrerin Gabi gesagt hat, weil er immerzu überlegen musste, wie er die Cilli am besten ansprechen sollte.

Da hat es zum Stundenende geläutet. Die Frau Lehrerin Gabi hat allen Kindern einen schönen Tag gewünscht, und alle sind aus der Klasse gestürmt, auch die Cilli.

Nur der Paul ist wie angeklebt auf seinem Sessel sitzen geblieben. „Jetzt ist sie weg!", hat er geseufzt.

Die Frau Lehrerin Gabi hat sich das Klassenbuch unter den Arm geklemmt und den Paul gefragt: „Na, ist dir die Schule so abgegangen, dass du nicht nach Hause gehen magst?" Da hat der Paul den Kopf geschüttelt und ist davongesprintet. Plötzlich hatte er es eilig, möglichst schnell aus der Schule rauszukommen, weil er irgendwie erspähen wollte, in welche Richtung die Cilli gegangen ist. Wie er aber aus der Schule gekommen ist, hat er gemerkt, dass er gar nicht so laufen hätte müssen.

Kaum zwei Meter vom Schultor entfernt hat die Cilli den Petzker Marcel im Schwitzkasten gehabt und sich die Fleischanderl Jasmin mit Fußtritten vom Leib gehalten. Dabei sind ihr die feuerroten Haare zu Berge gestanden, und ihr Gesicht war ebenfalls schon ziemlich rot.

Ist es ... Liebe?

„Zwei gegen eine ist unfair!“, hat sich der Paul gedacht und ist auf die Raufenden zugestartet, weil er der Cilli helfen wollte. Aber die hat sich gar nicht darüber gefreut.

„Was willst du, Himbeerburli? Meinst du vielleicht auch, dass ich ‚Kupferdachl‘ heißen soll, nur weil ich rote Haare habe? Oder findest du ‚Rostig‘

vielleicht besser? Na, wart nur, wenn ich mit den zwei Wapplern fertig bin, kommst du auch dran! Dann mach ich ein Krenfleisch aus euch dreien!"

Der Paul hat abgebremst und auch einen ziemlich roten Kopf bekommen. Die Cilli hat den Marcel aus dem Schwitzkasten rausgelassen und der Jasmin noch einen letzten Tritt in den Hintern verpasst. Die beiden haben „Tschuldigung" gekeucht und sich davongemacht. Die Cilli hat ihnen noch etwas sehr Unfeines nachgerufen, sich zum Paul umgedreht und ihn herausfordernd angeblickt.

Der Paul war ganz verwirrt! Er hat nur stottern können: „Ich hab ... ich wollt ... es wäre nur wegen ... !" Dann hat er sich umgedreht und ist auch davongerannt, wobei ihm die Cilli ebenfalls etwas sehr Unfeines nachgerufen hat. Das sehr Unfeine wollte der Paul auf keinen Fall hören! Er hat sich schnell die Ohren zugehalten – und das ist gar nicht einfach, wenn man läuft!

Bis zum Eissalon Zanello ist der Paul gerannt. „Hallo, Fritzi-Franzi-Julius!“, hat der Herr Zanello fröhlich geröhrt und eine leere Eistüte geschwenkt. Beim Herrn Zanello heißen alle Buben „Fritzi-Franzi-Julius“ und alle Mädchen „Bellissima“. Der Paul hat sich auf einen der giftgrünen Plastikstühle fallen lassen und bestellt: „Ananas, Schokolade, Zitrone, in einem Becher bitte! Und wenn es geht, sehr dringend!“ Der Herr Zanello hat dem Paul einen riesigen Becher mit Eis gebracht und sich zu ihm an den Tisch gesetzt. „Na, schmeckt es?“, hat er gefragt. Der Paul hat langsam vor sich hin gelöffelt und matt genickt. Dann hat er den halb gegessenen Eisbecher von sich weggeschoben und geseufzt: „Das Eis ist sehr gut, Herr Zanello! Aber mein Bauch ist voll!“

Der Herr Zanello hat sich sehr gewundert, denn normalerweise verdrückt der Paul so einen Becher mit links! „Fritzi-Franzi-Julius, was ist los mit dir?“, wollte er wissen.

Der Paul hat im aufgeweichten Eisgatsch herumgerührt und dann zögernd zu erzählen begonnen: Vom ersten Schultag, von der Cilli, vom Schwitzkasten für den Marcel, vom Hinterntritt für die Jasmin, und dass die Cilli aus ihm ein Krenfleisch machen wollte, obwohl er ihr doch nur helfen wollte.

Der Herr Zanello hat dem Paul zugehört, sich dann am Kinn gekratzt und ernst erklärt: „Ich glaube, Paolo, du bist verliebt!“ In ganz wichtigen Momenten weiß der Herr Zanello nämlich ganz genau, dass der Paul „Paul“ heißt, und in Italien sagt man zu einem Paul eben „Paolo“.

Der Paul hat den Kopf geschüttelt und gerufen: „Aber, bitte, die Cilli ist ein Mädchen! Ich bin doch in kein Mädchen verliebt! Ich bin in überhaupt niemanden verliebt! Verliebt sein ist megablöd!"

Der Herr Zanello hat selig gegrinst und geflüstert: „Du hast aber verliebte Augen, Paolo!"

Der Paul hat nicht verstanden, wie der Herr Zanello das meint. Verliebte Augen? Wie die wohl aussehen? Schwimmen da Herzerln drin rum oder Sternchen? Leuchten die oder glitzern sie rosa? Und kann die jeder erkennen, der einen anblickt? Die Vorstellung hat dem Paul keine Ruhe gelassen. Auf dem Heimweg hat er den Blick gesenkt, damit nicht die Leute auf der Straße die Herzerln in seinen Augen sehen und ihn auslachen.

Mittagspause

Daheim stellt sich der Paul sofort vor dem Spiegel auf und blickt sich tief in die Augen. Verliebt sehen die nicht aus, alles wie immer. Aber so ganz unrecht hat der Herr Zanello nicht. Ein bisschen seltsam ist die ganze Sache schon. Dass ihm die Cilli nicht aus dem Kopf geht, dass es in seinem Bauch zieht, wenn er an die Cilli denkt. Der Paul beschließt, dass er nachdenken muss, und zwar dringend.

In der Küche riecht es heute echt gut, weil der Papa gerade dabei ist, sein Spezial-Gulasch zu kochen. Der Paul ist ein bisschen traurig, weil er keinen richtigen Hunger hat, wegen dem Eis, das er gegessen hat, und wegen dem Ziehen im Bauch, das den Hunger wegdrückt.

„Wo warst du denn so lange?", will der Papa wissen.

Paul erzählt, was heute Vormittag alles passiert

ist. Zuerst will Papa mit ihm schimpfen, weil er vor dem Essen Eis gegessen hat, aber dann hört er aufmerksam zu. Ihm wird richtig warm ums Herz. „Bist wohl ein bisschen verliebt in diese Cilli, was, Pauli?“, grinst er.

Da kriegt der Paul eine ziemliche Wut: „Nein! Nein! Nein! Ich bin nicht verliebt! Echt nicht! Kruzineserfix!“, brüllt er und läuft in sein Zimmer. Dort will er sich in Ruhe ärgern: über seinen Papa und den Herrn Zanello, weil sie behaupten, dass Paul verliebt ist. Über die Cilli, weil es nicht sehr nett von ihr war, dass sie zu ihm „Himbeerburli“ gesagt hat. Blöd ist, dass dem Paul der Ärger über die Cilli sehr schwerfällt. Sehr verzwickte Sache! So sehr sich der Paul auch bemüht, auf die Cilli böse zu sein, es will ihm nicht gelingen. Ist er am Ende doch verliebt? „Vielleicht ist die Liebe so, so komisch?“, überlegt er vor sich hin. Aus der Küche riecht es nun

schon sehr lecker. Gerade als der Papa dabei ist, den Tisch zu decken, kommt Paul wieder in die Küche. Paul holt Gläser aus dem Küchenkasten und stellt sie auf den Tisch.

Aber auch während des Tischdeckens denkt der Paul nur darüber nach, was er tun könnte, damit ihn die Cilli mag.

Zur gleichen Zeit verdrückt die Cilli in einem Heidentempo die zweite Portion Spaghetti, weil sie sich so über die neuen Mitschüler ärgert und ihren Ärger mit irgendetwas hinunterschlucken muss. „Cillimaus, jetzt schling nicht wie ein Scheunendrescher!“, sagt Cillis Mutter. Weil Cilli den Mund mit Nudeln und Sugo voll hat, kann sie nur etwas Unverständliches zurückknurren, es klingt wie „Schwumpropfkrocht!“

„Na, wie ist es in der neuen Schule?“, will Cillis Mutter wissen.

Cilli wischt sich den Mund ab und schimpft: „Zwei von denen dort sind ziemlich deppert! ‚Feuerpatschen‘ und ‚Kupferdachl‘ haben sie mich genannt! Aber ich hab es ihnen eh gegeben, den zwei Wapplern!“

Cillis Mama seufzt: „Na, dann waren wenigstens nur zwei von denen deppert, oder?"

Cilli meckert: „Die anderen sind sicher auch nicht besser!"

Mit dieser Antwort gibt sich Cillis Mama aber nicht zufrieden: „Woher willst du das wissen, Cillimaus?"

Cilli stochert in ihrem Teller herum und erklärt: „Weil da ein Dritter auch noch dazugekommen ist!"

„Und hat der auch was Blödes zu dir gesagt?", ist Cillis Mutter neugierig.

Die Cilli hat wieder den Kopf geschüttelt: „Der hat sich nicht getraut, weil ich mit den anderen zwei Schlitten gefahren bin!"

„Und wenn er dir bloß helfen wollte? Könnte doch sein, oder?", bohrt die Mama weiter.

Cilli schaut ihre Mama mit großen Augen an: „Glaub ich nicht! Buben sind blöd!"

Die Mama schüttelt den Kopf und räumt den Tisch ab. Cilli hilft ihr, aber sie sagt nichts mehr. Sie ist nachdenklich, weil ihr der Bub nicht aus dem Kopf geht. War sie sehr ungerecht? Wollte der wirklich nur helfen? Für einen Buben hat er ja ganz nett ausgesehen! Paul hat der geheißen, oder? Weil man am ersten Schultag noch keine Hausübungen bekommt, schnappt sich Cilli ihr Lieblingsbuch, das über den Astronauten Tom, und beginnt darin zu lesen.

Bei Oma und Opa

Während Cilli in ihrem Astronautenbuch blättert, ist der Paul zu seinen Großeltern unterwegs. Der Papa hat gemeint, Oma Hedi und Opa Poldi würden sich über einen Überraschungsbesuch freuen. Die Busfahrt zum Mühlwasser dauert ziemlich lange, und so hat Paul wieder Zeit, seinen Gedanken freien Lauf zu lassen. Die Cilli will ihm immer noch nicht aus dem Kopf und aus dem Bauch gehen. „Das wird ja immer ärger!", denkt er und stemmt sich im Bus gegen eine flott gefahrene Kurve.

Je länger er über die Cilli nachgrübelt, desto heftiger wird das Flattern in seinem Magen. Wie von tausend Schmetterlingen. Richtig schwindlig ist ihm schon.

In der Spargelgasse steigt Paul aus. Oma Hedi und Opa Poldi freuen sich riesig, dass Paul sie besuchen kommt.

„Na, Paule, alter Seebär!", brüllt Opa Poldi zur Begrüßung. „Alles senkrecht?"

Oma Hedi schmatzt Paul ein dickes Bussi auf die Wange. „Ich hab frischen Apfelstrudel! Magst du ein Stück?"

Aber der Paul ist schon wieder nicht hungrig. „Nein danke!", sagt er. Und dann, weil er schon die ganze Zeit im Stillen darüber nachdenkt, fragt er laut: „Wann ist man eigentlich verliebt?"

Opa kriegt große Augen, und die Oma muss plötzlich sehr interessiert auf ihre Schlapfen schauen. Da springt Opa auf. „Ich muss dringend in der Werkstatt etwas nachschauen!", ruft er hastig und will in Richtung Schuppen davonlaufen.

„Dableibst!", ruft Oma.

„Seid ihr zwei am Ende gar verliebt?", will Paul von Oma Hedi und Opa Poldi wissen. Opa Poldi kriegt einen knallroten Kopf, und Oma Hedi muss ganz niedlich kichern.

„Also doch!", ruft Paul. „Wie habt ihr euch denn verliebt?", will er wissen.

Oma Hedi schaut Opa Poldi an und lächelt. „Der Poldi war ja damals noch Pirat, wie du weißt“, beginnt sie zu erzählen. „Und irgendwann hat er beschlossen, dass ein Pirat auch eine Steuerfrau braucht.“

Paul nickt. „Und was hast du dann gemacht?“, fragt er seinen Opa.

Opa Poldi drückt ganz stolz seine Brust heraus und haucht: „Mit der Musik hab ich die Hedi verzaubert, lieber Paul!“

Die Oma schüttelt heftig den Kopf. „Er ist vor meinem Fenster mit dem Rad hin- und hergefahren und hat dabei Mundharmonika gespielt!“

„Und wie lange hat der Opa das machen müssen, bis du in ihn verliebt warst?“, will der Paul wissen.

Opa schaut in eine andere Richtung, während die Oma weitererzählt: „Bis meine Mutter einen Kübel Wasser auf ihn geleert hat und er mit seinem Rad deswegen gegen unser Postkastl geknallt ist! Dafür hat er aber auch drei Abende spielen müssen, weil meine Mutter eine Engelsgeduld gehabt hat. Leider hat der Poldi nur ein Lied können, und das war irgendwann sogar meiner Mutter zu viel!"

Paul schaut seinen Opa interessiert an: „Was war denn das für ein Lied?" Opa räuspert sich und brummt: „Alle meine Entlein!"

„Das würde mich auch nerven!", denkt Paul. Dann stellt er sich vor, was die Cilli mit ihm machen würde, wenn er ihr drei Tage lang „Alle meine Entlein"

auf der Mundharmonika vordudeln würde. Ein bisschen graust ihm vor dieser Vorstellung. Außerdem weiß er ja noch gar nicht sicher, ob er wirklich in die Cilli verliebt ist.

„Wie ist das, wenn man verliebt ist?", fragt er.

„Wenn man immer an ein Mädchen denken muss", erklärt der Opa. „Wenn man sich immer fragt, ob sie auch an einen denkt. Wenn man ihr nicht böse sein kann. Und wenn's im Bauch zieht wie von tausend Schmetterlingen."

„Und wenn man verliebte Augen kriegt!", ruft die Oma.

„Wie schauen die denn aus?", will Paul wissen.

„Wie die vom Opa, wenn er ein großes Stück Apfelstrudel vor sich auf dem Teller hat!", lacht Oma.

Paul findet das alles sehr interessant. „Was könnte ich sonst noch machen, dass mich ein Mädchen mag?", fragt er Oma Hedi und Opa

Poldi. „Ich kann nämlich nicht Mundharmonika spielen!"

„Sing ihr was vor!", ruft Opa.

„Lad sie zum Herrn Zanello auf ein Eis ein!", schlägt Oma vor.

„Blumen!", dröhnt Opa.

Aber das gefällt dem Paul alles nicht so gut. Singen kann er nicht so toll. Ein Eis wäre zwar super, aber der Herr Zanello würde dann die ganze Zeit auf die Cilli einquatschen. Und wenn der Paul in die Nähe von Blumen kommt, kriegt er einen Niesanfall nach dem anderen! Das wäre sicher auch nicht sehr romantisch, wenn er der Cilli niesend und rotzend einen Blumenstrauß überreichen würde.

Mit einem Bauch voller Schmetterlinge, aber ohne brauchbare Idee, macht sich der Paul auf den Heimweg. Wenigstens weiß er jetzt, warum er der Cilli einfach nicht böse sein kann!

Paul traut sich

Am nächsten Tag nimmt sich der Paul fest vor, die Cilli anzusprechen. In der großen Pause will er zu ihr gehen und sie fragen, ob sie von seiner Extrawurstsemmel mit Gurkerl abbeißen will. Aber dann, als es so weit ist, hat er das Gefühl, dass ihn alle anschauen. Deswegen mampft er seine Wurstsemmel alleine und spielt lieber mit der Jasmin und dem Marcel Fußball, obwohl er sich eigentlich ganz fest vorgenommen hat, auf die beiden böse zu sein.

Während des Spiels schaut der Paul immer unauffällig zur Cilli hin, die mit ein paar Mädchen auf den Stufen hockt. Ob sie vielleicht zu ihm herschaut, interessiert den Paul. Deswegen hat er auch drei Tore gekriegt, und deswegen nennt ihn die Jasmin nun schon zum dritten Mal „Eiergoalie". Das ärgert den Paul so, dass er am liebsten, so wie die Cilli am Vortag auch, ein

Krenfleisch aus der Jasmin machen würde. Aber weil er nicht weiß, wie man ein Krenfleisch macht, lässt er es lieber bleiben.

Und dann, während der nächsten Schulstunde, hat der Paul endlich eine echt tolle Idee. Er beschließt, sich in der nächsten Pause bei der Cilli zu erkundigen, wie man ein Krenfleisch macht und ob das am Ende recht kompliziert ist. Weil die nächste Pause nur eine kurze Pause ist, bleiben alle in der Klasse. Mutig stapft der Paul zu Cillis Pult und pflanzt sich vor ihrem Tisch auf.

Die Cilli zeichnet gerade. Eine Mondrakete und einen Außerirdischen zaubert sie auf ein Blatt Papier. Der Außerirdische ist giftgrün, mit einem knallroten kleinen Kopf, großen Augen und vorstehenden unteren Zähnen. Er hat drei Arme, fünf Füße und trägt einen Schottenrock um die Hüfte, der ihm offensichtlich zu eng ist. Sein Bauch hängt nämlich ziemlich drüber.

Für Paul sieht Cillis Zeichnung komisch aus. Außerirdische in Schottenröcken! Wo gibt es denn so was? Als künftiger Astronaut findet er diese Vorstellung eher seltsam. „Seit wann haben denn, bitte schön, Marsmenschen Schottenröcke an?", will er von Cilli genauer wissen.

Cilli knurrt: „Das ist ein Venusbewohner und dort sind Schottenröcke groß in Mode, du Wichtl!"

Paul betrachtet den Venusbewohner kritisch. „Das hab ich jetzt echt nicht gewusst!", meint er entschuldigend. „Was ich aber gerne gewusst hätte, ist, wie man ein Krenfleisch macht. Ist das schwer?"

Jetzt schaut die Cilli den Paul an wie ein Auto. „Meinst du das ernst, oder willst du mich auf den Arm nehmen?", zischt sie.

Der Paul wird rot. „Aber nein!“, ruft er entsetzt und plappert aufgeregt drauflos. „Sicher nicht! Aber du wolltest gestern aus dem Marcel und der Jasmin ein Krenfleisch machen, und ich denk jetzt schon die ganze Zeit darüber nach, wie das gehen könnte, weil ich vorige Pause aus der Jasmin ein Krenfleisch hätte machen wollen, aber …!“

Da tippt Cilli sich an die Stirn und ruft: „Plemplem!“ Gleich darauf tut ihr das schon wieder leid, schließlich hat sie der Paul ja nur was gefragt.

Paul trottet ganz traurig zu seinem Platz, da ruft Cilli ihm nach: „Jetzt wart einmal, ich wollte …!“ Aber da läutet schon die Schulglocke, und die Frau Lehrerin Gabi schreibt eine Rechnung auf die Tafel. Auch nach der Stunde hat Cilli keine Gelegenheit mehr, sich bei Paul zu entschuldigen. Die Schule ist aus, und im

Musikzimmer wartet die neue Klavierlehrerin, da darf man nicht unpünktlich sein.

„Schon blöd", denkt Cilli, „aber mir wird schon was einfallen."

Eine Idee

Am Nachmittag hat der Paul eine Idee. Dafür braucht er aber eine bestimmte Auskunft. „Papa, wie macht man ein Krenfleisch?", will er wissen.

Der Papa schaut den Paul sehr verwundert an und weiß nicht, ob er richtig gehört hat. „Was willst du mit einem Krenfleisch, Pauli?", erkundigt er sich. „Soll ich das einmal kochen?"

Der Paul überlegt. „Ich weiß ja nicht einmal, was ein Krenfleisch ist!", erklärt er. „Aber die Cilli wollte vorgestern ein Krenfleisch aus der Jasmin und dem Marcel machen, und dann wollte ich eben heute aus der Jasmin auch eines machen!"

Der Papa findet das sehr lustig und lacht wild darauf los.

„Jetzt hör aber auf, das ist nicht komisch!", mault der Paul. Der Papa zwickt ihn übermütig in die Nase und meint kichernd: „Na, jetzt habt ihr zwei wenigstens etwas gemeinsam, du und deine Cilli!"

„Und was, bitte?“, will Paul erstaunt wissen.

Der Papa streckt seinen rechten Zeigefinger in die Luft und dröhnt: „Ihr wisst beide, was gut ist!“

„Und was ist gut?“, fragt Paul.

„Krenfleisch ist gut!“, ruft der Papa. Schnell läuft er zum Kochbuchregal und sucht nach einem Rezept für Krenfleisch. „So ein Krenfleisch, das kochen wir heute für die Mama!“, beschließt er. „Komm, wir gehen gleich auf den Markt!“

Am selben Nachmittag, nach der Klavierstunde, sitzt die Cilli zu Hause und ist wütend über sich selber. Weil sie zum Paul schon wieder so fuchtig gewesen ist. Obwohl er ihr schon wieder nichts getan hat. „Manchmal bin ich echt zu schnell zu zornig!“, schimpft sie laut mit sich selbst. „Aber wenn man dauernd wegen seiner roten Haare gefrotzelt wird, dann hat man eben sehr schnell sehr große Wut!“

Die Cilli hat den Paul heute durchaus nett gefunden. Wenn sich jemand für Krenfleisch interessiert, dann kann der ja gar nicht so ein übler Kerl sein. Krenfleisch ist die Lieblingsspeise von der Cilli und ihrem Onkel Gusti. Vom Onkel Gusti hat sie auch den Spruch, dass man aus jemandem Krenfleisch macht. Der will das nämlich ständig machen: aus den Fußballern, den lauten Nachbarn, dem Bundeskanzler und aus dem Oskar. Das ist der Hund von der Frau Beranek. Der macht immer in den Hof, und der Onkel Gusti steigt regelmäßig in die Hundehaufen rein, vor allem mit seinen frisch geputzten Wanderschuhen.

Die Cilli überlegt sich lange und breit, was sie zum Paul sagen könnte. Das will sie nämlich aufschreiben und dem Paul morgen als Brief geben. So tut sie sich leichter. Wichtige Sachen kann sie besser schreiben als sagen. Sie schnappt sich Papier und Kuli, denkt kurz nach und beginnt dann zu schreiben. Zuerst zaghaft, dann immer schneller. Als sie fertig ist, liest sie sich den Brief noch einmal durch und nickt zufrieden. Es ist ein schöner Brief, und es steht alles drin, was man nicht so leicht sagen kann. Vor allem, wenn man ein gewisses Ziehen im Bauch verspürt.

Während der Papa das Fleisch für das Krenfleisch

vorbereitet, schreibt der Paul in seiner schönsten Schrift das Krenfleischrezept aus dem Kochbuch ab. Rund um das Rezept zeichnet er, zur Verzierung, die Zutaten auf. Ein Stück Fleisch, eine Flasche mit Essig drinnen, Lorbeerblätter, ein Salzfass, Pfefferkörner und eine Krenwurzel malt der Paul. „Glaubst du, das gefällt der Cilli?", will der Paul von seinem Vater wissen.

„Also, wenn dich diese Cilli wegen dieses Bildes nicht vom Fleck weg heiratet, dann hat sie echt nicht alle Gräten im Kakao!", ruft der Papa.

„Manchmal redet der Papa schon komisches Zeug daher!", findet Paul und malt noch schnell eine zweite Zwiebel auf das Papier.

Tag X, morgens

Am nächsten Tag in der Früh muss der Papa den Paul gar nicht aufwecken. Der steht nämlich schon im Badezimmer und putzt sich prächtig

heraus, fast wie ein Gockel. Rasieren wird sich der Paul doch nicht, obwohl ihm das sehr gefallen würde. Aber das mit dem Bart wird wohl noch ein bisschen dauern. Als der Paul zum Frühstückstisch kommt, pfeift der Papa anerkennend: „Na, wenn das nicht der fescheste Bursch von ganz Wien ist!" Der Paul wird ein bisschen rot. „Was hast du dich denn so herausgeputzt?", will der Papa wissen. Dann schnuppert er und fragt noch einmal nach: „Und warum riecht mein Paule heute so lecker?"

Der Paul wird noch eine Spur röter und bemüht sich, möglichst lässig zu antworten: „Der Mann von Welt genießt und schweigt!" Das hat der Paul unlängst in einem Film gehört, und heute ist endlich Gelegenheit, diesen schönen Satz auch einmal zu sagen.

„Ist das am Ende wegen der Cilli?", bohrt der Papa nach.

Der Paul grinst breit und nickt. Dann kramt er aus seiner Schultasche sein gemaltes Rezept hervor, um es dem Papa noch einmal zu zeigen. Bewundernd schaut sich der Papa das Rezept an und nickt. „Ganz mein Bub, der Bub!", brummt der Papa zufrieden. „Liebe geht halt doch durch den Magen!"

Cilli kann sich heute Morgen einfach nicht entscheiden, welches Leiberl sie anziehen soll. „Cilli, beeil dich, du bist spät dran!", ruft die Mama. Aber so eine Entscheidung ist gar nicht so leicht, wenn man besonders hübsch aussehen will. Auf Cillis Bett liegen zwei Leiberln. Ein giftgrünes, auf dem in Glitzerschrift „Rambazamba" steht, und ein knallrotes mit einem weißen Piraten drauf. Die Wahl fällt Cilli schwerer und schwerer, sie kann sich schon seit dem Aufstehen nicht entscheiden, und die Zeit läuft ihr davon. „Mama!", ruft sie verzweifelt. „Welches soll ich jetzt anziehen?" Cillis Mama steckt ihren Kopf bei der Kinderzimmertüre rein und schnauft: „Nimm das Rote! Rot steht dir gut!" Cilli schaut sich beide T-Shirts noch einmal genau an und schlüpft schließlich in das rote. Ganz schnell trinkt sie ihren Früchtetee, der ohnehin schon kalt ist, und stopft sich ein Kipferl in den Mund. Sie schnappt

ihre Schultasche und eilt zusammen mit ihrer Mama aus der Wohnung.

Im Auto will die Mama wissen, warum die Cilli heute so „fesch" ist und warum sie so gut riecht. „Ich bin immer fesch, und stinken tu ich auch nur selten!", brummt Cilli leicht verärgert.

Cillis Mama zieht ihre rechte Augenbraue hoch, nickt und kichert dann los: „Stimmt schon, Cilli, aber heute bist du besonders fesch, und duften tust du wie ein Blumengeschäft! Haben wir einen Verehrer?"

Die Cilli zuckt mit den Schultern und murmelt: „Vielleicht, vielleicht auch nicht!" Dann schaut sie die Mama verschmitzt an und fügt hinzu: „Aber hoffentlich!"

Ärger am Morgen

Auf dem Schulweg trifft der Paul, wie jeden Morgen, den Marcel und die Jasmin. Heute ist ihm das aber gar nicht recht, weil ja die Cilli die beiden nicht leiden kann. Paul hat Angst, dass die Cilli glauben könnte, dass der Marcel und die Jasmin seine besten Freunde sind. Dabei sind die zwei allerhöchstens Schulwegbegleiter, wenn auch oft sehr lustige. Vor dem Zuckerlgeschäft trifft der Paul die beiden, so wie jeden Tag. Die Begrüßung dauert, wie immer, ein paar Minuten. Jedes der drei Kinder kauft sich einen Erdbeerlolly, und dann schlendern sie gemütlich in Richtung Schule, bis es Marcel endlich bemerkt.

„Paul, du duftest ja wie ein ganzer Blumenladen!", kichert er und schnuppert ganz auffällig.

„Du riechst wie mein Opa, wenn er sich frisch rasiert hat!", prustet die Jasmin los. Das ist dem

Paul jetzt aber gar nicht recht, dass die Jasmin und der Marcel so blöd lachen.

„Wer ist denn die Glückliche?“, will der Marcel wissen. „Die Rita? Die Susi? Oder gar die Frau Lehrerin Gabi?“

Plötzlich dröhnt Jasmin los: „Hahaha, der Paul ist verliebt! Bussi, Bussi, zuerst aufs Handi, dann aufs Fussi!“

Das kann sich der Paul nicht gefallen lassen.

Blitzschnell grapscht er nach der Nase von der Jasmin und verdreht sie. Dann zieht er dem Marcel das linke Ohrläppchen lang. „So, und aus euch mach ich jetzt aber echt ein Krenfleisch!", ruft er wütend.

Die Jasmin hält sich die verdrehte Nase und ruft spöttisch: „Jetzt weiß ich, wer deine Verliebte ist! Die Cilli!"

Der Marcel reibt sich sein lang gezogenes Ohr und feixt: „Pauli und Cilli sind ein Liebespaar!"

Jetzt ist der Paul nicht nur böse, sondern echt wütend. „Ihr seid so gemein!", ruft er und läuft zornig davon.

Weil es aber die Jasmin überhaupt nicht leiden kann, wenn ihr jemand die Nase verdreht, und der Marcel nichts mehr hasst, als wenn ihm wer sein Ohrwaschel lang zieht, wollen sich die beiden natürlich an Paul rächen. Die Jasmin schaut den Marcel an, der Marcel schaut die Jasmin an, beide nicken sich zu, krempeln sich die Ärmel nach oben und rennen hinter dem Paul nach, um ihn ordentlich zu verdreschen.

„Jetzt machen wir ein Krenfleisch aus dir, Paulibub!", rufen sie wutschnaubend.

Der Paul läuft, so schnell er nur kann, aber leider kann er die Jasmin und den Marcel nicht abhängen. Fünfzig Meter vom Schultor entfernt schaffen es die wütende Jasmin und der rachedurstige Marcel, den Paul einzuholen.

Der Marcel rempelt den Paul an und ruft: „Mir zieht keiner das Ohr lang, du liebeskranker Furzknochen!"

Die Jasmin packt den Paul an der Schulter und knurrt: „Mir verdreht niemand die Nase! Schon gar nicht so ein gerupfter Herzkönig, wie du einer bist!"

Abwechselnd rempeln die Jasmin und der Marcel jetzt den Paul und beginnen ihn sogar zu knuffen. Der Paul hat echt Mühe, sich auf den Beinen zu halten. Außerdem wird ihm schön langsam angst und bang. Da packt die Jasmin den Paul am Kragen und zieht ihn ganz nah zu sich heran. „Jetzt spielt es Rambazamba!", zischt sie drohend.

Plötzlich scheppert es, und die Jasmin schaut aus der Wäsche, als würde sie einen Dino auf einem Moped sehen.

Finale mit Herz

„Lass den Paul aus, du Christkindl!", knurrt jemand sehr gefährlich. „Oder …!"

Der Marcel schaut mit großen Augen am Paul und an der Jasmin vorbei und zirpt: „… du machst ein Krenfleisch aus ihr?"

Die Cilli klopft dem Marcel auf die Schulter und knurrt: „Richtig, Bubi! Und aus dir auch, wenn du dich nicht auf der Stelle verzupfst!"

Der Marcel wird ganz rot im Gesicht und schaut, dass er weiterkommt. „Vergiss deine Verliebte nicht!", ruft ihm die

Cilli nach und schwenkt drohend ihr Turnsackerl. Der Marcel nickt hastig, nimmt die Jasmin an der Hand und schaut, dass er davonkommt.

Als die Jasmin und der Marcel im Schultor verschwunden sind, hebt der Paul seine Schultasche auf und schaut die Cilli an. „Danke!“, krächzt er.

Die Cilli grinst: „Ebenfalls danke!“

„Wieso?“, will der Paul wissen.

„Na, weil du dich von mir hast retten lassen!“, kichert die Cilli. „Wie wäre ich denn sonst mit dir ins Gespräch gekommen? Ich bin nämlich sehr schüchtern, weißt du?“

Da ist der Paul aber baff! Dass die Cilli schüchtern ist, das hätte er sich nicht gedacht. „Da fällt mir ein, ich hab dir etwas mitgebracht!“, sagt er und kramt in seiner Schultasche herum.

„Ich hab dir ja auch etwas mitgebracht!“, ruft Cilli und durchwühlt ebenfalls ihre Schultasche.

Endlich finden die beiden, wonach sie gesucht

haben. Der Paul überreicht der Cilli eine Papierrolle mit einem rosa Mascherl, und die Cilli gibt dem Paul eine Rolle mit einem roten Mascherl. Dann stehen sich der Paul und die Cilli gegenüber und wissen nicht genau, was sie jetzt tun sollen.

„Magst du nicht lesen, was auf dem Papier steht?", fragt Cilli endlich.

Der Paul öffnet hastig die Masche und rollt das Papier auf. Neugierig beginnt er zu lesen: *„Lieber Paul!"*, steht da in Schönschrift. *„Ich weiß, dass ich manchmal ein ziemliches Zornbinkerl bin, aber wenn mich jemand wegen meiner Haare aufzieht, dann sehe ich rot und werde zum wütenden Stier. Dass du nicht weißt, was auf der Venus Mode ist, ist auch nicht weiter schlimm! Sei mein Paul, sonst setzt es was! Dickes Bussi, Cilli"*

Als der Paul den Brief zum zweiten Mal liest, da zieht es plötzlich in seinem Bauch nicht mehr, sondern es beginnt lustig zu vibrieren, und es wird ganz wohlig warm. „So einen edlen Brief hab ich noch nie gekriegt, Cilli!", haucht er. „Vielen Dank! Aber jetzt musst du nachschauen, was ich für dich gemacht habe!"

Die Cilli nickt und entrollt ihr Papier. Sie schaut sich das Rezept und die Zeichnungen genau an und kichert: „Pauli, das kopier ich für meinen

Onkel Gusti, und dann häng ich es mir über mein Bett! Das ist das prächtigste Rezept von meiner Leibspeise, das ich je gesehen habe!"

Der Paul ist überglücklich, dass der Cilli sein Geschenk gefallen hat. Er nimmt die Cilli an der Hand und strahlt. In seinem Bauch flattert es wie von tausend Schmetterlingen. Und im Geheimen weiß er ganz genau, dass er gerade so dreinschaut wie der Opa, wenn er ein großes Stück Apfelstrudel vor sich auf dem Teller hat.

„Und was kommt jetzt?", will die Cilli vom Paul wissen.

Was jetzt kommt, liebe Leserin und lieber Leser, das geht uns wirklich nichts mehr an! So viel sei nur verraten: Auf einem gewissen schiefen Baum beim Mühlwasser, da gibt es jetzt ein geritztes Herz mit einem Pfeil durch. Und in dem Herz steht „C+P", für „Cilli und Paul". Alles klar? Eben!

Ein paar Wochen später gibt es einen

Gedichtwettbewerb in der Schule, den der Paul und die Cilli gewinnen, weil sie folgendes Gedicht miteinander gedichtet haben:

Du gehörst zu mir
wie das Schnitzel zur Panier,
wie die Türe zum Scharnier
gehöre ich zu dir.
Wir gehören zusammen
und sind füreinander da.
Wie das Gulasch und der scharfe Paprika!
Ich möchte mit dir noch ganz viel Lachen
und will aus dir nie Krenfleisch machen!

C + P

Der G&G-Lesezug™

Weitere Lesezug-Bücher finden Sie unter www.kinderbuchverlag.at

ISBN 978-3-7074-0352-7
4. Klasse, ab 9/10 Jahren

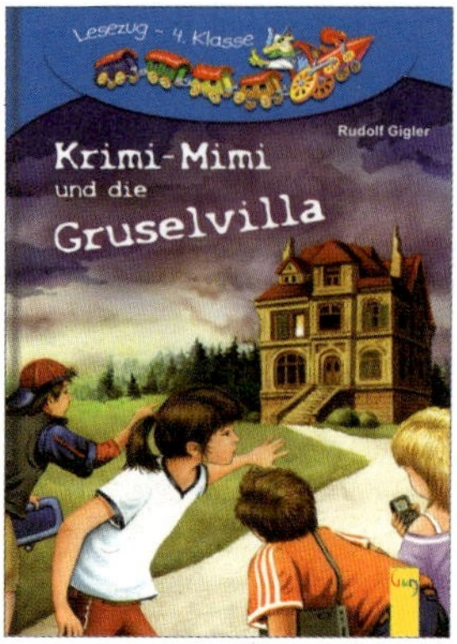

ISBN 978-3-7074-0350-3
4. Klasse, ab 9/10 Jahren

ISBN 978-3-7074-0349-7
4. Klasse, ab 9/10 Jahren

Weitere Bücher für diese Altersstufe

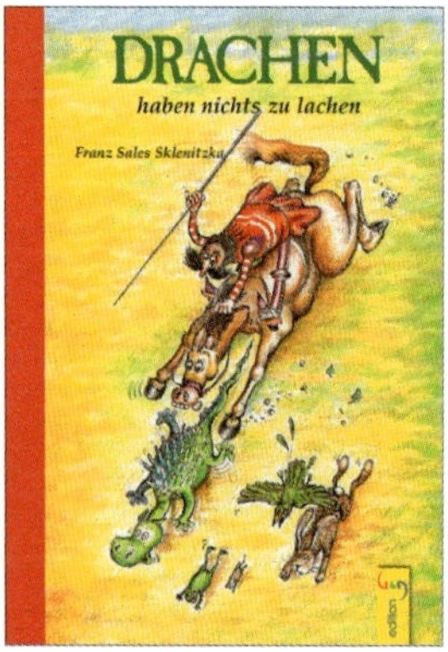

ISBN 978-3-7074-0170-7
ab 8 Jahren

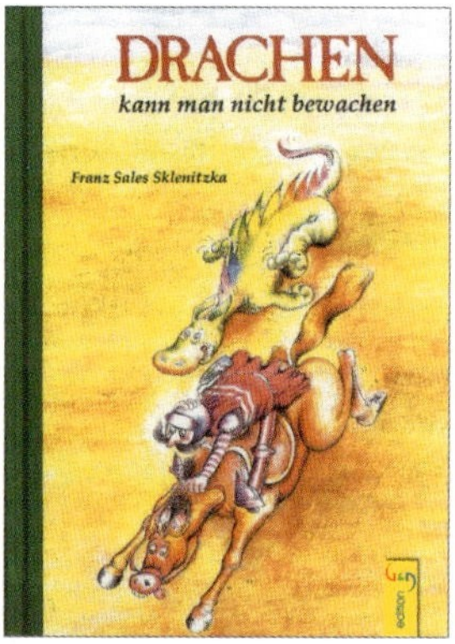

ISBN 978-3-7074-0169-1
ab 8 Jahren

ISBN 978-3-7074-0180-6
ab 8 Jahren

ISBN 978-3-7074-0396-1
ab 9 Jahren

ISBN 978-3-7074-0231-5
ab 9 Jahren

ISBN 978-3-7074-0377-0
ab 9 Jahren

ISBN 978-3-7074-0269-8
ab 9 Jahren

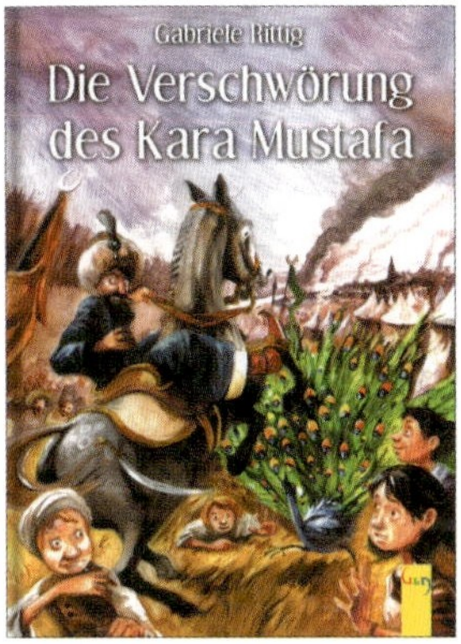

ISBN 978-3-7074-0315-2
ab 9 Jahren

ISBN 978-3-7074-0333-6
ab 10 Jahren

ISBN 978-3-7074-0311-4
ab 9 Jahren

ISBN 978-3-7074-0331-2
ab 9 Jahren

ISBN 978-3-7074-0359-6
ab 9 Jahren